HOW TO *SELF-STUDY*

The self-study method:

The book is divided into 15 study units, plus one extra theory unit covering the basics. Each unit starts with a theory page, containing the essential language in bite-size learning chunks. You will spend a large portion of your study time on each theory page. Read all of the content several times, take notes and research any words or phrases that spark an interest. It is important that you feel confident with the theory before moving onto any exercises. The exercises are there to reinforce your knowledge and should be completed without looking at the theory page. In addition to this, there is space at the end of each unit for you to choose 5 verbs, 3 nouns, 2 adjectives and 1 adverb to learn. There is also space for you to take your own notes on each unit. Understanding these key parts of speech below will help you excel in your foreign language study.

Grammar:

Verb (verbo)

A word used to describe an action, state or occurrence. If you're unsure, put "I can" in front of the word and if it makes sense, it's a verb, e.g. "I can sing".

Noun (sostantivo)

A word used to identify people, places or things. Every noun in Italian has a grammatical gender. It's either masculine or feminine, so it's important to learn the gender when you learn a new word.

Adjective (aggettivo)

A word used to describe a noun. In Italian, adjectives change to "agree" in gender and number with the noun they describe. If the noun is masculine, the adjective is also masculine. If the noun is plural, the adjective is also plural.

Adverb (avverbio)

A word used to describe an adjective, verb or another adverb. Adverbs can describe the way something is done, *how often it's done* and much more.

Example:

Pronunciation video

Visit my website www.languageswithmaddy.com to get access to the pronunciation video.

CONTENTS

LE BASI

Grazie Thank you

Buongiorno Hello | Good morning

Scusa Sorry

Si yes **No** no
Grazie Thank you
Non lo so I don't know
Va bene Okay

Prego You're welcome
Per favore Please
Vorrei I would like

Non ho capito I didn't understand

I colori

	rosso		rosa
	azzurro		arancione
	giallo		marrone
	verde		bianco
	viola		nero
			grigio

I verbi

ESSERE to be Sono I am	**AVERE** to have Ho I have
ANDARE to go Vado I go	**FARE** to do Faccio I do

Le vocali

A "ah"
E "eh"
I "ee"
O "oh"
U "ooh"

I pronomi

io I	**noi** we
tu you	**voi** you
lui/lei he/she	**loro** they

Ciao, sono Ada.

Gli articoli

the: il/l' | lo | la/l' i | gli | le	a/an | some: un | uno | una/un' dei | degli | delle
Il gatto The cat	*Un gatto* A cat
La gallina The hen	*Una gallina* A hen
I gatti The cats	*Dei gatti* Some cats
Le galline The hens	*Delle galline* Some hens

3
tre

BUONGIORNO

Informale

Ciao, come va?
Hi, how are you?

Ciao, sto bene grazie e tu?
Hi, good and you?

Benissimo, grazie.
Great, thanks.

Ottimo, ci vediamo.
Excellent, see you soon.

A domani.
See you tomorrow.

Ciao Hi/bye
Buongiorno
Hello/good morning
Buonasera
Good evening
Buonanotte
Goodnight

Formale

Salve signore, come sta?
Hello sir, how are you?

Buongiorno signora, sto bene grazie e Lei?
Hello ma'am, I'm well and you?

Sto molto bene, grazie.
I'm very well, thank you.

Le auguro una buona giornata.
I wish you a good day.

Grazie, anche a Lei. Arrivederci.
Thank you, you too. Goodbye.

In Italian, the greetings used generally depend on the person you are addressing.

Dialogo 1: informale is suitable when talking to a friend or someone you know well.

Dialogo 2: formale is suitable in a professional setting or when talking to someone new for the first time.

BUONGIORNO

1) Tradurre Translate into Italian

A. Hi ....

B. Hello ....

C. Good evening ....

D. Goodnight ....

E. See you soon ....

F. See you tomorrow ....

G. Have a nice day ....

H. Goodbye ....

2) Scrivere Write if formal/informal

formale | informale | formale & informale

A. Ciao ....

B. Come va? ....

C. Come sta? ....

D. E tu? ....

E. E Lei? ....

F. Salve ....

G. Ci vediamo ....

H. Arrivederci ....

3) Colorare Colour & practise saying the word

5
cinque

BUONGIORNO

4) Completare Complete

Ciao, come va?

Bene, grazie.

A domani.

5) Abbinare Match to reorder

1 Sto molto bene, grazie.

2 Le auguro una buona giornata.

3 Buongiorno signora, sto bene grazie e Lei?

4 Grazie, anche a Lei. Arrivederci.

5 Salve signore, come sta?

6) Rispondere Answer the questions

Come va?

Come sta?

7) Tradurre Translate

A. Not bad ....

B. You too (formal) ....

C. And you? (informal) ....

D. Hello ma'am ....

E. Hello sir ....

F. I'm very well ....

G. Thank you ....

SELF-STUDY

I miei appunti

....
....
....
....
....
....
....
....
....
....
....

Verifica

Write a dialogue to practise greetings

....
....
....
....
....
....
....
....
....
....

5 verbi

3 sostantivi

2 aggettivi

1 avverbio

PIACERE

Sono... I am
Piacere
Nice to meet you
E tu? And you?

Ciao, come ti chiami?
Hi, what's your name?

Mi chiamo Maria e tu?
I'm called Maria and you?

Formale: The questions change to be formal.

Piacere, io sono Ada.
Nice to meet you. I'm Ada.

Come si chiama Lei?
Che lavoro fa?
Di dov'è?

Piacere, che lavoro fai?
Nice to meet you. What do you do for work?

Sono professoressa e tu?
I'm a teacher and you?

Sono dentista. Di dove sei?
I'm a dentist. Where are you from?

Sono di Roma, ma vivo a Milano e tu?
I'm from Rome, but I live in Milan and you?

Sono svizzera, di Lugano, ma vivo a Torino.
I'm Swiss, from Lugano, but I live in Torino.

PIACERE

1) Abbinare e completare
Draw a line to match and complete the answers

Firenze | Lucia | medico

Come ti chiami?

Che lavoro fai?

Di dove sei?

Sono
....

Sono di
....

Mi chiamo
....

2) E tu? Scrivere Write about you

Mi chiamo

Sono di

Sono

3) Abbinare Match to reorder

1
2
3
4
5
6

Che lavoro fai?

Mi chiamo Giulia.

Di dove sei?

Come ti chiami?

Sono farmacista.

Sono di Bologna.

4) Scrivere Write the information in third person

Ciao, mi chiamo Angelica, sono di Napoli e sono programmatrice.

Si **chiama** ....

È di ....

È ....

PIACERE

5) Completare Complete the dialogue

Ciao, ... ti chiami?

Mi chiamo Maria e ....?

................., io sono Ada.

Piacere, che .... fai?

.... professoressa e tu?

Sono dentista. Di .... sei?

Sono di Roma, ma .... a Milano e tu?

Sono ...., di Lugano, ma vivo a Torino.

6) Ricercare Research 5 job titles in Italian & write them below

1.

2.

3.

4.

5.

7) Abbinare Match the nationality

Italia	svizzero/a
Svizzera	inglese
Francia	spagnolo/a
Spagna	italiano/a
Inghilterra	francese

8) Scrivere Write a text introducing yourself

Mi chiamo ....

....

....

SELF-STUDY

I miei appunti

....
....
....
....
....
....
....
....
....
....

Verifica

Write a text to introduce yourself and someone else

....
....
....
....
....
....
....
....
....
....

5 verbi

3 sostantivi

2 aggettivi

1 avverbio

CONTARE

1-100

1-10 uno due tre quattro cinque sei sette otto nove dieci **11-20 undici** dodici tredici quattordici quindici sedici diciassette diciotto diciannove venti **21-29 ventuno** ventidue ventitre ventiquattro venticinque ventisei ventisette ventotto ventinove **30-100 trenta** quaranta cinquanta sessanta settanta ottanta novanta cento

500: cinquecento

1000: mille

5000: cinquemila

1m: un milione

1b: un miliardo

72: settantadue

91: novantuno

Contesto

Ha **28** anni.
She's 28 years old.

45 giorni fa.
45 days ago.

Costa **10** euro.
It costs 10 euros.

Sono le **5**.
It's 5 o'clock.

Pesa **20** chili.
It weighs 20 kilos.

Fra **5** minuti.
In 5 minutes.

più

meno

per

diviso per

CONTARE

1) Scrivere Write the number in digits

venti		ventisei	
sedici		trenta	
cinque		sei	
nove		ventitre	
due		diciotto	
undici		sette	

2) Scrivere Write the number in words

56 ....   99 ....

72 ....   86 ....

29 ....   45 ....

11 ....   64 ....

18 ....   53 ....

30 ....   15 ....

3) Abbinare Match to complete the sentences

Ha 68	settimane
Costa 10	fa
Pesa 40	nove
Sono le	euro
2 giorni	chili
Fra 9	anni

4) Leggere Read the sentences

Buongiorno, vorrei 2 chili di carote per favore.

Arrivo tra 10 minuti.

5 anni fa, sono andata in Italia.

Costa 15 euro.

Mia sorella ha 22 anni.

5) Dire Say these numbers aloud

10   88   102   550   1000

CONTARE

6) Rispondere Answer the questions with an appropriate answer

Quanto pesa?	....
Quanti giorni fa?	....
Fra quanto tempo?	....
Che ora è?	....
Quanti anni hai?	....
Quanto costa?	....

7) Dire Answer and say the sums

1. cinque per due   **+**
2. venti più tre   **✖**
3. cento meno venti   **▬**
4. dieci per dieci
5. due più quattro   **÷**
6. cento diviso per due
7. venti per due

8) Leggere Read the text and write the item quantities below

Buongiorno, vorrei cinque caffè, due tè e un bicchiere d'acqua. Prendo anche tre cornetti vuoti e quattro cornetti al cioccolato, per favore.

	caffè		cornetti vuoti
	tè		cornetti al cioccolato
	bicchieri d'acqua		

9) Dire Say this order to practise the numbers

Buongiorno, vorrei
- 2 caffè
- 3 tè
- 5 bicchieri d'acqua
- 4 cornetti vuoti
- 1 cornetto al cioccolato

SELF-STUDY

I miei appunti

....
....
....
....
....
....
....
....
....
....
....

Verifica

Write some sentences with numbers in context

....
....
....
....
....
....
....
....
....
....

5 verbi

3 sostantivi

2 aggettivi

1 avverbio

I GIORNI

lunedì
martedì
mercoledì
giovedì
venerdì
sabato
domenica

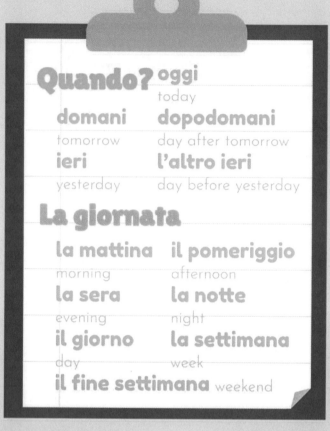

Quando?

oggi today	
domani tomorrow	**dopodomani** day after tomorrow
ieri yesterday	**l'altro ieri** day before yesterday

La giornata

la mattina morning	**il pomeriggio** afternoon
la sera evening	**la notte** night
il giorno day	**la settimana** week
il fine settimana weekend	

I MESI

gennaio	febbraio	marzo
aprile	maggio	giugno
luglio	agosto	settembre
ottobre	novembre	dicembre

Le stagioni

l'inverno | la primavera
l'estate | l'autunno
winter | spring | summer | autumn

Quando?

scorso | scorsa last

prossimo | prossima next

questo | questa this

GIORNI&MESI

1) Scrivere Write the correct day

Oggi è
....

Domani sarà
....

Ieri era
....

Dopodomani sarà
....

L'altro ieri era
....

2) Scrivere Write the correct month

Questo mese ....

Il mese scorso ....

Il mese prossimo ....

Il mio compleanno ....

Questa stagione ....

La mia stagione preferita

....

4) Scrivere e colorare Write and colour the days of the week

3) Scrivere Write the missing months

1	2	3
gennaio	....	marzo
4	5	6
aprile	maggio	....
7	8	9
....	agosto	....
10	11	12
....	novembre	....

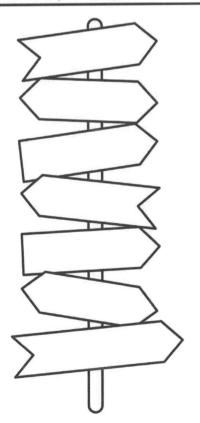

GIORNI&MESI

5) Leggere e rispondere

Read the text and answer the questions

Orario delle lezioni

Aperto da settembre a giugno.
Chiuso per le vacanze d'estate:
luglio e agosto e le vacanze
d'inverno: dicembre. I giorni delle
lezioni: da lunedì a venerdì dalle
8 alle 19. Il sabato: lezioni solo la
mattina dalle 9 alle 11:30.
La domenica: chiuso.

orario: timetable | aperto: open | chiuso: closed
vacanze: holidays | da/dalle: from | a/alle: to/at

Le domande

1. È aperto ogni giorno?

....

2. Le vacanze sono quali mesi?

....

3. C'è lezione il fine settimana?

....

4. È aperto ad ottobre?

....

5. È chiuso a novembre?

....

6) Scrivere Write the dates

lun 08/09 ....

gio 10/05 ....

sab 22/12 ....

mer 19/08 ....

mar 30/02 ....

dom 02/10 ....

7) Colorare Colour and practise the seasons

inverno

primavera

estate

autunno

SELF-STUDY

I miei appunti

....
....
....
....
....
....
....
....
....
....

Verifica
Write the days, months and seasons

....
....
....
....
....
....
....
....
....

5 verbi

3 sostantivi

2 aggettivi

1 avverbio

IL METEO

Fa freddo.

Fa caldo.

-10°C
Ci sono meno dieci gradi.

30°C
Ci sono trenta gradi.

Fa fresco
It's fresh

Che tempo fa?

Fa bel tempo It's nice weather

Fa brutto tempo It's bad weather

C'è il sole It's sunny

È nuvoloso It's cloudy

C'è vento It's windy

C'è il temporale There's a storm

Piove It's raining

Nevica It's snowing

Il sole

La neve

La pioggia

Oggi	Ieri	Domani
Fa	Faceva	Farà
C'è/è	C'era/era	Ci sarà/sarà
Piove	Pioveva	Pioverà
Nevica	Nevicava	Nevicherà

La nuvola

Il temporale

Il vento

L'ombrello

IL METEO

1) Abbinare Match the word and picture

Il sole

La nuvola

La neve

La pioggia

Il temporale

Il vento

2) Scrivere Write how the weather is

8°C: Ci sono 8 gradi. Fa freddo.

20°C ....

30°C ....

5°C ....

-2°C ....

0°C ....

3) Leggere e tradurre Read and translate the sentences

Oggi fa molto bello. Ci sono 28 gradi e c'è il sole.

Domani farà molto caldo. La sera, ci sarà il temporale.

Ieri faceva brutto tempo. Pioveva. C'erano 18 gradi.

4) Rispondere Answer about the weather where you are

Che tempo fa oggi?

Che tempo faceva ieri?

Che tempo farà domani?

IL METEO

5) Trasformare Transform the sentences into the past

presente	passato
C'è vento.	....
Piove.	....
Nevica.	....
Fa bel tempo.	....

6) Scrivere Use a weather noun to write an opinion (I prefer, I like, I don't like, I love, I hate)

Preferisco ....

Mi piace ....

Non mi piace ....

Amo ....

Odio ....

7) Dire Say the weather forecast in the future tense

Le previsioni

Roma		10°C
Lecce		15°C
Milano		5°C
Firenze		11°C
Torino		-1°C
Catania		18°C
Palermo		23°C

SELF-STUDY

I miei appunti

....
....
....
....
....
....
....
....
....
....

Verifica

Write about the weather

....
....
....
....
....
....
....
....
....

5 verbi

3 sostantivi

2 aggettivi

1 avverbio

MANGIARE

I pasti

La colazione
breakfast
Le uova eggs
I cereali cereal
Il pane bread

Il pranzo
lunch
La pasta pasta
Il riso rice
La carne meat

La merenda
snack
Il cioccolato chocolate
Le patatine crisps
La frutta fruit

La cena
dinner
Il pesce fish
La verdura veg
Il formaggio cheese

Il dolce
dessert
La torta cake
I biscotti biscuits
Il gelato ice cream

Le bevande
drinks
L'acqua water
Il caffè coffee
Il succo di frutta
fruit juice

Frasi utili

Ho fame. Hai fame?
I'm hungry. Are you hungry?

Ho sete.
I'm thirsty.

Sono vegetariano/vegetariana.
I am vegetarian. (masculine/feminine).

Sono vegano/vegana.
I am vegan.

Non mangio... (carne)
I don't eat... (meat)

Sono allergico/allergica.
I am allergic.

Verbi
mangiare
bere
prendere
cucinare

mangio I eat

prendo I take/have

cucino I cook

bevo I drink

MANGIARE

1) Scrivere Write what you eat

A colazione mangio...

A pranzo prendo...

A cena mangio...

2) Scrivere Write whether you eat it or not

mangio | non mangio

3) Leggere e rispondere
Read and answer the questions below

A: Di solito, pranzo da me e mangio la pasta.

B: Se ho tanto lavoro, mangio un panino in ufficio.

C: Durante la pausa di pranzo, vado al ristorante con i miei colleghi. Mangio o della carne o del pesce.

ABC?

1. Chi mangia in ufficio?
2. Chi mangia il pesce?
3. Chi mangia la pasta?

4) Completare Complete the sentences about you

1. Non mangio

....

2. Il mio dolce preferito è

....

3. Se ho sete, bevo

....

4. Per la merenda, mangio

....

MANGIARE

5) Leggere Read the dialogue

È quasi l'una. Hai fame?

Sì, ho fame, cosa mangiamo oggi?

Pasta o riso, cosa preferisci?

Pasta, per favore. E per il dolce?

Abbiamo il gelato al cioccolato.

6) Completare Complete

mangiamo | sono | sete | mangio | mangiato | ho

1. .... fame.

2. Hai ....?

3. Ho........................ troppo.

4. .... vegetariana.

5. Non .... il formaggio.

6. Cosa ....?

7) Leggere e scegliere Read the advertisement and complete the multiple choice

I cereali Buona Salute

I vostri figli non mangiano bene a colazione? Provate i nuovi cereali Buona Salute! Al cioccolato, al miele o alla fragola, un vero piacere, senza zuccheri aggiunti! I cereali Buona Salute sono buoni per i bambini e fanno bene ai denti. I cereali Buona Salute, disponibili in un supermercato vicino a voi.

1. **È una pubblicità per**
   cereali/cioccolato/fragole
2. **Sono per**
   adolescenti/adulti/bambini
3. **Sono al cioccolato, al miele e alla**
   limone/fragola/banana
4. **Fanno bene ai**
   capelli/occhi/denti
5. **Sono disponibili al**
   ristorante/supermercato/al mercato

SELF-STUDY

I miei appunti

....
....
....
....
....
....
....
....
....
....

Verifica

Write about your meals

....
....
....
....
....
....
....
....
....
....

5 verbi

3 sostantivi

2 aggettivi

1 avverbio

AL MERCATO

La carota

La fragola

La banana

Gli asparagi

I broccoli

Buongiorno signore, un chilo di carote, per favore. Hello sir, a kilo of carrots, please.

Un chilo di carote e che cos'altro? A kilo of carrots and what else?

Il pomodoro

La mela

Tre pomodori e due chili di patate. 3 tomatoes and 2 kilos of potatoes.

Va bene, qualcos'altro? Okay, anything else?

No grazie, sarà tutto. No thanks, that'll be all.

Le fragole sono in promozione oggi. Ne volete? The strawberries are on offer. Would you like some?

La patata

Sì, perchè no. Ne prendo mezzo chilo, per favore e dammi anche 5 banane. Yes, why not. I'll have half a kilo please and also 5 bananas.

Va bene, signora. Saranno 15 euro. Okay ma'am. That'll be 15 euros.

Ecco qui, signore. Grazie e buona giornata. Here you are sir. Thank you and have a nice day.

L'avocado

L'ananas

I piselli

AL MERCATO

1) Scrivere Write the letters

L_ m_la

La fr_gol_

Gli _spar_g_

I p_s_lli

L_ car_t_

L'_nan_s

Il p_mod_r_

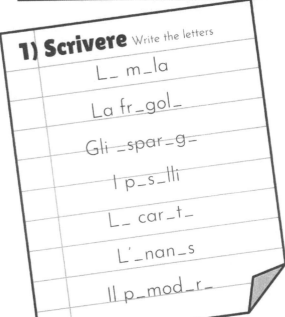

2) Abbinare Match to reorder

1 { Va bene. Qualcos'altro?

2 { Allora, un chilo di carote saranno 2€.

3 { Ecco qui, signore. Buona giornata.

4 { Vorrei un chilo di carote, per favore.

5 { No grazie, sarà tutto.

3) Leggere e scrivere Read the description and write the fruit/veg

{ Una verdura arancione che cresce nella terra.

[ ]

{ Un frutta di cui il colore è anche il nome. È spesso una bevanda.

[ ]

{ Una verdura verde che assomiglia un albero.

[ ]

4) Dire Say this market order

Vorrei...

 1 chilo

4 chili

 x5

x3

 2 chili

 ...per favore.

AL MERCATO

5) Scrivere Write the number and name

1x [   ]

12x [   ]

24x [   ]

30x [   ]

6) Scrivere Write in the negative

Ci sono 5 pomodori.	Non ci sono pomodori.
Ci sono 3 limoni.	[ ]
Ci sono 6 arance.	[ ]
Ci sono 10 mele.	[ ]

7) Tradurre Translate

A. I would like

....

B. Anything else?

....

C. No, thank you

....

D. On offer

....

E. Would you like some?

....

F. Here you are

....

G. Have a nice day

8) Scrivere Write a dialogue

Al mercato

....
....
....
....
....
....
....

SELF-STUDY

I miei appunti

....
....
....
....
....
....
....
....
....
....
....

Verifica

Write a dialogue ordering fruit and vegetables at the market

....
....
....
....
....
....
....
....
....

5 verbi

3 sostantivi

2 aggettivi

1 avverbio

IN PIZZERIA

una forchetta

un coltello

un cucchiaio

un piatto

un tovagliolo
napkin

un bicchiere
glass

Pizze
- Margherita
- Funghi
- Prosciutto
- Vegetariana

Contorni
- Patatine fritte
- Insalata verde

Dolci
- Tiramisù
- Gelato

Il dialogo

Buongiorno, vorrei una pizza margherita, per favore.
Hello, I would like a margherita pizza please.

Va bene, e vuole un contorno?
Okay, and would you like a side?

Prendo l'insalata verde.
I'll have the green salad.

Va bene, notato.
Okay, it's noted.

Grazie mille.
Thank you very much.

Dove si trova il bagno?
Where is the toilet?

Posso avere il conto?
Can I have the bill?

IN PIZZERIA

1) Tradurre Translate

A. A fork ....

B. A knife ....

C. A spoon ....

D. A plate ....

E. A napkin ....

F. A glass ....

G. A bowl ....

2) Leggere e completare
Read the dialogue and complete the final line

> Buonasera, siete pronti per ordinare?
> *Good evening, are you ready to order?*

> Buonasera, sì, siamo pronti. Vorremmo una pizza margherita e una ai funghi.
> *Good evening, yes, we are ready. We would like a margherita pizza and a mushroom one please.*

> Va benissimo, e come contorno?
> *Okay and as a side dish?*

> Due porzioni di patatine fritte.
> *Two portions of fries.*

> Va bene, notato.
> *Okay, it's been noted.*

• • •

> Volete un dolce?
> *Would you like a dessert?*

> ....
> ....

3) Leggere e scrivere
Read the menu and write an order

Pizze
- Margherita
- Vegetariana

Contorni
- Patatine fritte
- Insalata verde

Dolci
- Tiramisù
- Gelato

> Come pizza, vorrei...
> ....
> ....
> ....

IN PIZZERIA

4) Abbinare Match to put the dialogue in order

1

2

3

4

5

Come primo, vorrei la pasta arrabbiata.

Va bene, e come primo?

Sì, prendo l'insalata caprese per iniziare.

Buongiorno, siete pronti?

Va bene, notato.

5) Scrivere Write your own menu

Antipasti

-

-

Principali

-

-

Dolci

-

-

Bevande

-

-

6) Tradurre Translate

I would like...

....

I'll have...

....

The bill

....

Where are the toilets?

....

....

7) Scrivere Book a table (day, time, amount of people)

Posso prenotare un tavolo per...

....

....

....

....

....

....

SELF-STUDY

I miei appunti

....
....
....
....
....
....
....
....
....
....

Verifica

Write how you would order food at your favourite restaurant

....
....
....
....
....
....
....
....
....

5 verbi

3 sostantivi

2 aggettivi

1 avverbio

GLI OGGETTI

La penna

La matita

Il computer

Il libro

Il foglio (di carta)

Il cellulare

La chiave

L'orologio

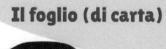

Lo spazzolino

La bottiglia

GLI OGGETTI

1) Completare Complete the crossword

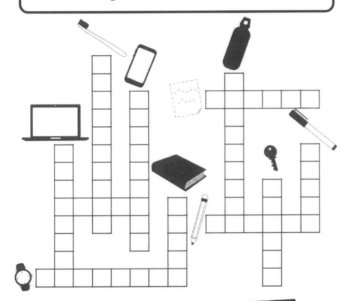

2) Trasformare Transform the words into plural or singular

singular -> plural
The: il -> i | la/l' -> le | lo/l' -> gli
A/an: un -> dei | una/un' -> delle | uno -> degli

1. La bottiglie ....
2. .... Le penne
3. Il cellulare ....
4. Il libro ....
5. .... Delle matite
6. Un foglio ....
7. Un computer ....
8. Una chiave ....
9. .... Gli spazzolini
10. L'orologio ....

3) Completare Write the correct object

A. Si usa lo .... per lavarsi i denti.
B. Si usa la .... per scrivere.
C. Si usa il .... per lavorare.
D. Si usa la .... per bere.

4) Completare Complete the sentence with a colour | Il mio/la mia = my

1. Il mio cellulare è ....
2. La mia penna è ....
3. Il mio computer è ....
4. Il mio spazzolino è ....
5. La mia bottiglia è ....

5) Colorare

GLI OGGETTI

6) Leggere e scrivere Read the description and write the object

Si usa per scrivere o per disegnare.

_____

Si usa per aprire e chiudere la porta.

_____

Si usa per sapere che ore sono.

_____

7) Abbinare Match the translations

I've finished my book.	Ho perso le mie chiavi.
I need a sheet of paper.	Il mio cellulare è scarico.
My phone has no battery.	Il mio orologio si è fermato.
My watch has stopped.	Ho finito il libro.
I've lost my keys.	Mi serve un foglio.

8) Tradurre Translate

A. I've lost my phone.

....

B. I need a pen.

....

C. My laptop has no battery.

....

D. I need a watch.

....

9) Ricercare Research 6 other objects you use every day

1.

2.

3.

4.

5.

6.

SELF-STUDY

I miei appunti

....
....
....
....
....
....
....
....
....
....

Verifica

Write a list of important objects that you use every day

....
....
....
....
....
....
....
....
....

5 verbi

3 sostantivi

2 aggettivi

1 avverbio

OGNI GIORNO

Leggo un libro.

Cucino e mangio.

Studio l'italiano.

Lavoro al computer.

Vado sul cellulare.

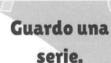

Guardo una serie.

Faccio una passeggiata al parco.

Mi alleno in palestra.

Faccio sport.

Faccio la spesa al supermercato.

Ieri (passato)
Ho + letto, cucinato, mangiato, studiato, lavorato, guardato, fatto | Sono + andata/o | Mi sono + allenata/o

Domani (futuro)
Leggerò, cucinerò, mangerò, studierò, lavorerò, guarderò, farò, andrò, mi allenerò

OGNI GIORNO

1) Completare Complete the sentences

faccio x 3 | vado | guardo | lavoro | studio | mi alleno | cucino | leggo

1. .... al computer.
2. .... una passeggiata.
3. .... la cena.
4. .... una serie.
5. .... sport.
6. .... l'italiano.
7. .... sul cellulare.
8. .... la spesa.
9. .... un libro.
10. .... in palestra.

3) Trasformare Transform the verbs into the future

presente	futuro
Faccio	....
Studio	....
Guardo	....
Lavoro	....
Leggo	....
Cucino	....
Vado	....
Mi alleno	....

2) Trasformare Transform the verbs into the past

presente	passato
Faccio	....
Studio	....
Guardo	....
Lavoro	....
Leggo	....
Cucino	....
Vado	....
Mi alleno	....

4) Abbinare Match the verb with its infinitive form

Faccio	allenarsi
Studio	andare
Guardo	leggere
Leggo	fare
Cucino	studiare
Vado	lavorare
Mi alleno	guardare
Lavoro	cucinare

OGNI GIORNO

5) Scrivere Complete the sentences with mi piace (I like) or devo (I have to)

1. .... guardare una serie.
2. .... lavorare al computer.
3. .... fare la spesa al supermercato.
4. .... fare sport.
5. .... cucinare la cena.

6) Leggere Read the text about a typical day

Un giorno tipico

La mattina, mi alleno in palestra. Poi, lavoro al computer. Il pomeriggio, faccio la spesa al supermercato e faccio una passeggiata. La sera, guardo una serie e dopo leggo un libro.

7) Scrivere Write about a typical week day using the text above to help

....
....
....
....
....
....
....
....
....
....
....
....

8) Scrivere Write 5 things you did yesterday using the past tense

1...
....
2...
....
3...
....
4...
....
5...
....

SELF-STUDY

I miei appunti

....
....
....
....
....
....
....
....
....
....

Verifica

Write a list of objects with a verb to say how you use each item

....
....
....
....
....
....
....
....
....

5 verbi

3 sostantivi

2 aggettivi

1 avverbio

CHE C'È?

Che c'è?
What's the matter?

Come ti senti?
How are you feeling?

NIENTE
nothing

Mi diverto
I'm having fun

Mi annoio
I'm bored

Sono stanco/a
I'm tired

Sono triste
I'm sad

Sono felice
I'm happy

Sono malato/a
I'm sick

Ho fame
I'm hungry

Mi sento male
I feel unwell

Ho sete
I'm thirsty

Ho mal di
I'm in pain

Ho caldo
I'm hot

testa headache

Ho freddo
I'm cold

pancia tummy ache

schiena backache

Ho paura
I'm scared

denti toothache

CHE C'È?

1) Completare Complete the columns

Sono	Mi	Ho

2) Abbinare Match the problem with the solution

Il problema -> La soluzione

Ho fame	Togliti il maglione
Ho caldo	Prendi un paracetamol
Ho sete	Mangia qualcosa
Ho mal di testa	Mettiti il maglione
Ho freddo	Bevi acqua

3) Scrivere Write what you do in each situation

1. Se ho fame,

....

2. Se ho caldo,

....

3. Se ho sete,

....

4. Se ho mal di testa,

....

5. Se ho freddo,

....

6. Se mi annoio,

....

4) Completare Complete the phrases

A. Sono ....

B. .... stanca

C. .... malata

D. Ho .... di schiena

E. Ho mal di ....

F. Mi sento ....

G. .... freddo

H. .... c'è?

CHE C'È?

5) Tradurre Translate

1. I have a headache.

....

2. He has a toothache.

....

3. She has a backache.

....

4. I have a tummy ache.

....

5. I feel unwell.

....

6. He is sick.

....

6) Completare Complete the dialogue

sento | paracetamol | che | sicura | grazie | pancia

Come va?

Bene...

Ma sei ....?

No, infatti mi .... male.

Lo sapevo! .... c'è?

Ho mal di ....

Mi dispiace. Ti do un ....

........................, sei molto gentile.

7) Scrivere Write a suggestion for each problem

A. Ho fame

....

B. Ho sete

....

C. Ho mal di testa

....

D. Mi annoio

....

8) Tradurre Translate

....
I'm tired

....
I'm sad

....
I'm happy

SELF-STUDY

I miei appunti

....
....
....
....
....
....
....
....
....
....

Verifica

Write how you feel in different situations

....
....
....
....
....
....
....
....
....

5 verbi

3 sostantivi

2 aggettivi

1 avverbio

LE DOMANDE

Ti posso fare una domanda?
Can I ask you a question?

CHE COSA?
What?

Perché?
Why?

Come?
How?

Quanto?
How much/many?

Dove?
Where?

Chi?
Who?

Quale?
Which?

Quando?
When?

Le domande

Perché ridi?
Why are you laughing?

Che cosa guardi?
What are you watching?

Dov'è la macchina?
Where is the car?

Quando parti?
When do you leave?

Come stai?
How are you?

Quale preferisci?
Which one do you prefer?

Chi viene alla festa?
Who is coming to the party?

Quanto ti devo?
How much do I owe you?

Che cosa fai stasera?
What are you doing tonight?

Mi puoi aiutare?
Can you help me?

LE DOMANDE

1) Tradurre Translate

A. Who ....

B. What ....

C. Where ....

D. When ....

E. How ....

F. How much ....

G. Why ....

H. Which ....

2) Completare Complete the question

1. .... ridi?
2. .... stai?
3. .... preferisci?
4. .... è la macchina?
5. .... viene alla festa?
6. .... ti devo?
7. .... parti?
8. .... fai stasera?

3) Abbinare Match the question with the answer

Che cosa?	Mia sorella
Quando?	A scuola
Dove?	Il 6 gennaio
Chi?	5 euro
Quanto?	Una mela

4) Scrivere Read the answer and write the question

1. ....

- È mio fratello.

2. ....

- La macchina è nel garage.

3. ....

- Mi chiamo Francesca.

4. ....

- Il libro costa 5 euro.

5. ....

- Mangio una pizza.

6. ....

- Il mio compleanno è il 5 giugno.

LE DOMANDE

5) Rispondere Answer the following questions

1. **Qual** è il tuo colore preferito?

....

2. **Che cosa** hai mangiato oggi?

....

3. **Quando** è il tuo compleanno?

....

4. **Dov'è** il tuo cellulare?

....

5. **Quanto** ti ha costato la tua maglietta?

....

6. **Chi** è il tuo autore preferito?

....

6) Rispondere Answer the questions about the dolphin

Il delfino

Di che colore è?	
Ha delle gambe?	
Sa nuotare?	
Che cosa mangia?	
Dove abita?	

7) Scrivere Write che cosa or leave blank

1. .... ti piace lo sport?

2. .... fai come sport?

3. .... giochi a calcio?

4. .... mangerai stasera?

5. .... guardi la partita?

8) Scrivere
Write any three questions

1.

2.

3.

SELF-STUDY

I miei appunti

Verifica
Write and answer some common questions

5 verbi

3 sostantivi

2 aggettivi

1 avverbio

DOVE SI TROVA?

La mela è dentro la busta.

La pianta è dietro la sedia.

La pianta è sopra la sedia.

La mela è sotto la sedia.

La pianta è accanto alla sedia.

La pianta è davanti la sedia.

La mela è tra la sedia e la pianta.

DOVE SI TROVA?

1) Abbinare Match the preposition to the picture

dietro

dentro

sotto

sopra

accanto

davanti

2) Tradurre Translate

A. In front ....

B. Behind ....

C. Next to ....

D. On top of ....

E. Between ....

F. Under ....

G. Inside ....

4) Scrivere Write a sentence using a preposition

3) Tradurre Translate

1. The phone is next to the book.

....

2. The orange is behind the bottle.

....

3. The phone is in front of the computer.

....

4. The watch is on the table.

....

5. The key is behind the pen.

....

6. The pencil is between the books.

....

DOVE SI TROVA?

5) Disegnare Draw the apple in the correct place

 La mela è sotto il tavolo.

 La mela è dietro il tavolo.

 La mela è davanti il tavolo.

 La mela è accanto al tavolo.

6) Rispondere Answer the questions about where the things are in the picture

1. Dove si trova la pianta?
....

2. Dove si trova la mela?
....

3. Dove si trova la bottiglia?
....

4. Dove si trova la chiocciola?
....

5. Dove si trova la penna?
....

6. Dove si trova il cellulare?
....

7. Dove si trova il pallone?
....

8. Dove si trova la borsa?
....

7) Rispondere Answer the questions about where the things are around you

A. Dove si trova la tua penna?
....

B. Dove si trova il tuo cellulare?
....

C. Dove si trova il tuo computer?
....

D. Dove si trova la tua borsa?
....

SELF-STUDY

I miei appunti

....
....
....
....
....
....
....
....
....
....

Verifica

Write where things are around you

....
....
....
....
....
....
....
....
....

5 verbi

3 sostantivi

2 aggettivi

1 avverbio

I VERBI

essere to be

io sono
tu sei
lui/lei è
noi siamo
voi siete
loro sono

sono I am
sono stato/a I was
ero I used to be
sarò I will be

Ex: Sono italiana.
I am Italian.

avere to have

io ho
tu hai
lui/lei ha
noi abbiamo
voi avete
loro sono

ho I have
ho avuto I had
avevo I used to have
avrò I will have

Ex: Ho tre sorelle.
I have three sisters.

potere
to be able to
volere
to want
sapere
to know
dovere
to have to

Posso capire l'italiano.
I can understand Italian.

Voglio partire in vacanza.
I want to go on holiday.

Devo lavorare tutti i giorni.
I have to work every day.

So parlare tre lingue.
I know how to speak three languages.

fare do
faccio
ho fatto
facevo
farò

andare go
vado
sono andato/a
andavo
andrò

prendere take
prendo
ho preso
prendevo
prenderò

I VERBI

1) Completare con essere

1. Io .... in vacanza.

2. Tu .... contento.

3. Lei .... stanca.

4. Lui .... d'accordo con me.

5. Noi .... in ritardo.

6. Voi .... puntali.

7. Loro .... in anticipo.

2) Completare con avere

1. Io .... sete.

2. Tu .... fame.

3. Lei .... mal di testa.

4. Lui .... paura.

5. Noi .... freddo

6. Voi .... caldo.

7. Loro .... voglia di ballare.

3) Tradurre Translate using the sentences above to help

1. I am hungry. (avere)

....

2. You are scared. (avere)

....

3. They are late. (essere)

....

4. We are cold. (avere)

....

5. She agrees with me. (essere)

....

6. He is late. (essere)

....

4) Abbinare Match the translations

presente

Posso	I have to
Voglio	I can
Devo	I know
So	I want

passato

Potevo	I knew
Volevo	I could
Dovevo	I wanted
Sapevo	I had to

I VERBI

5) Tradurre Translate

1. I have to prepare lunch.

....

2. I can go for a walk tomorrow.

....

3. I know how to send an email.

....

4. I want to travel by plane.

....

5. I want to go to the beach.

....

6) Scrivere Write four sentences with the sentence starters below

1. Devo ....

....

2. Voglio ....

....

3. Posso ....

....

4. So ....

....

7) Trasformare Transform the past tense verbs to the future

Passato –> Futuro

Ho fatto	....
Sono andato	....
Ho preso	....
Sono stato	....
Ho avuto	....
Ho mangiato	....
Ho preparato	....

8) Tradurre Translate

1. I'll have a croissant. (prendere)

....

2. I go on holiday. (andare)

....

3. I did my food shopping. (fare)

....

4. I had a coffee. (prendere)

....

5. I'll make a cake. (fare)

....

6. I'll go to the shop tomorrow. (andare)

....

SELF-STUDY

I miei appunti

....
....
....
....
....
....
....
....
....
....

Verifica

Write some verbs you use every day in sentences

....
....
....
....
....
....
....
....
....

5 verbi

3 sostantivi

2 aggettivi

1 avverbio

SECONDO ME

Mi piace/piacciono

Non mi piace/piacciono

Use piace when the noun that follows is singular, or with an infinitive verb. Use piacciono when the noun that follows is plural.

Credo che sia...
I believe that it's...

Trovo che sia...
I find that it's...

Penso che sia...
I think that it's...

Secondo me, è
In my opinion, it's...

Gli aggettivi

*the adjectives are shown in masculine first, then feminine

buono | buona
good

cattivo | cattiva
bad

grande
big

piccolo | piccola
small

nuovo | nuova
new

vecchio | vecchia
old

facile
easy

difficile
difficult

noioso | noiosa
boring

divertente
fun

bello | bella
beautiful/nice

brutto | brutta
ugly

SECONDO ME

1) Tradurre Translate

A. Fun ....
B. Boring ....
C. Big ....
D. Small ....
E. New ....
F. Old ....
G. Easy ....
H. Hard ....

2) Tradurre Translate

1. It's beautiful.

....

2. I think that it's boring.

....

3. I find that it's difficult.

....

4. In my opinion it's ugly.

....

3) Scrivere Write your opinion on the following things

1. Imparare l'italiano

....

2. Guardare il calcio

....

3. Mangiare la pizza

....

4. Fare la spesa

....

5. Lavorare

....

6. Bere il caffè

....

4) Scrivere Write two likes and two dislikes

👍 **Mi piace**

[ ]

[ ]

👎 **Non mi piace**

[ ]

[ ]

SECONDO ME

5) Abbinare Match the masculine to the feminine adjectives

nuovo	cattiva
vecchio	brutta
noioso	nuova
bello	piccola
cattivo	noiosa
brutto	vecchia
piccolo	bella

6) Scrivere Choose an adjective to write

Il = masculine | La = feminine

1. La casa è ....
2. Il ragazzo è ....
3. La montagna è ....
4. Il caffè è ....
5. L'italiano è ....
6. Il libro è ....
7. La mela è ....
8. Il supermercato è ....
9. La piscina è ....
10. Il cinema è ....

7) Leggere e rispondere Read the texts and answer the comprehension questions

A: Mi piace lo sport, ma non mi piace il calcio.

B: Mi piace l'italiano, ma trovo che sia difficile.

C: Penso che fare la spesa sia noioso.

ABC?

1. A chi non piace la spesa?
2. A chi piace lo sport?
3. A chi piace l'italiano?

8) Ricercare Research five adjectives in Italian and write them below

1.
2.
3.
4.
5.

SELF-STUDY

I miei appunti

....
....
....
....
....
....
....
....
....
....

Verifica

Write some of your own opinions

....
....
....
....
....
....
....
....
....

5 verbi

3 sostantivi

2 aggettivi

1 avverbio

* THE AUTHOR & ILLUSTRATOR

Madeleine is a lifelong linguist, a qualified languages teacher
and a self-taught illustrator. She has combined her passions and
expertise into creating foreign language learning books.
This book is also available in French and Spanish.
Get to know me @languageswithmaddy

www.languageswithmaddy.com